AF205671

Impressum
Verlag: BABADADA GmbH, Nedderfeld 112 , 22529 Hamburg
Geschäftsführer / Verlagsleitung: Harald Hof
Druck: Books on Demand GmbH, In de Tarpen 42, 22848 Norderstedt

Imprint
Publisher: BABADADA GmbH, Nedderfeld 112 , 22529 Hamburg, Germany
Managing Director / Publishing direction: Harald Hof
Print: Books on Demand GmbH, In de Tarpen 42, 22848 Norderstedt

escola

School

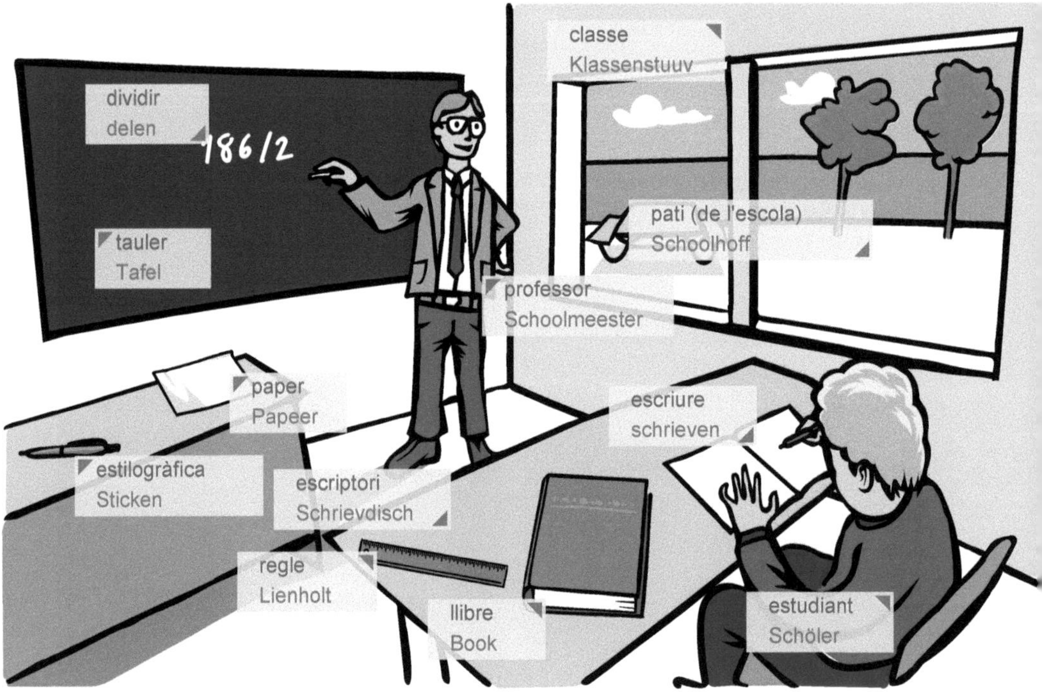

classe
Klassenstuuv
dividir
delen
186/2
tauler
Tafel
pati (de l'escola)
Schoolhoff
professor
Schoolmeester
paper
Papeer
escriure
schrieven
estilogràfica
Sticken
escriptori
Schrievdisch
regle
Lienholt
llibre
Book
estudiant
Schöler

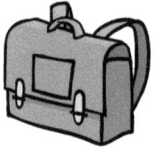

bossa

Ranzel

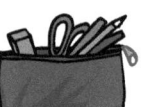

estoig

Feddermapp

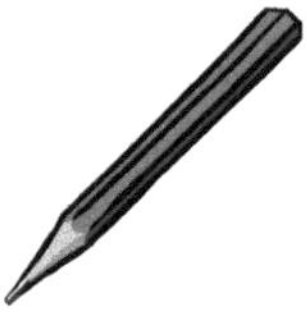

llapis

Bleesticken

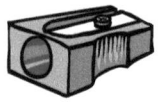

maquineta de fer punta

Scharpmaker

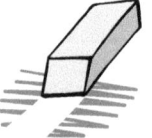

goma

Radeergummi

bloc de dibuix

Tekenblock

dibuix

Teken

pinzell

Pinsel

capsa de pintures

Malkassen

tisores

Scheer

cola

Klever

quadern d'exercicis

Heft to'n Öven

deures

Huusopgaav

12

nombre

Tall

2+2

afegir

tohooptellen

5-2

sostreure

aftrecken

2×2

multiplicar

malnehmen

calcular

reken

A

lletra

Bookstaav

ABCDEFG
HIJKLMN
OPQRSTU
VWXYZ

alfabet

ABC

hello

mot

Woort

text

Text

llegir

lesen

guix

Kried

lliçó

Stunn

llibre de classe

Klassenbook

examen

Pröven

certificat

Tüügnis

uniforme escolar

Schooluniform

formació

Utbillen

enciclopèdia

Nakieksel

universitat

Universität

microscopi

Mikroskop

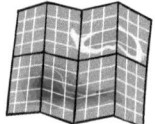

mapa

Koort

paperera

Papeerkorf

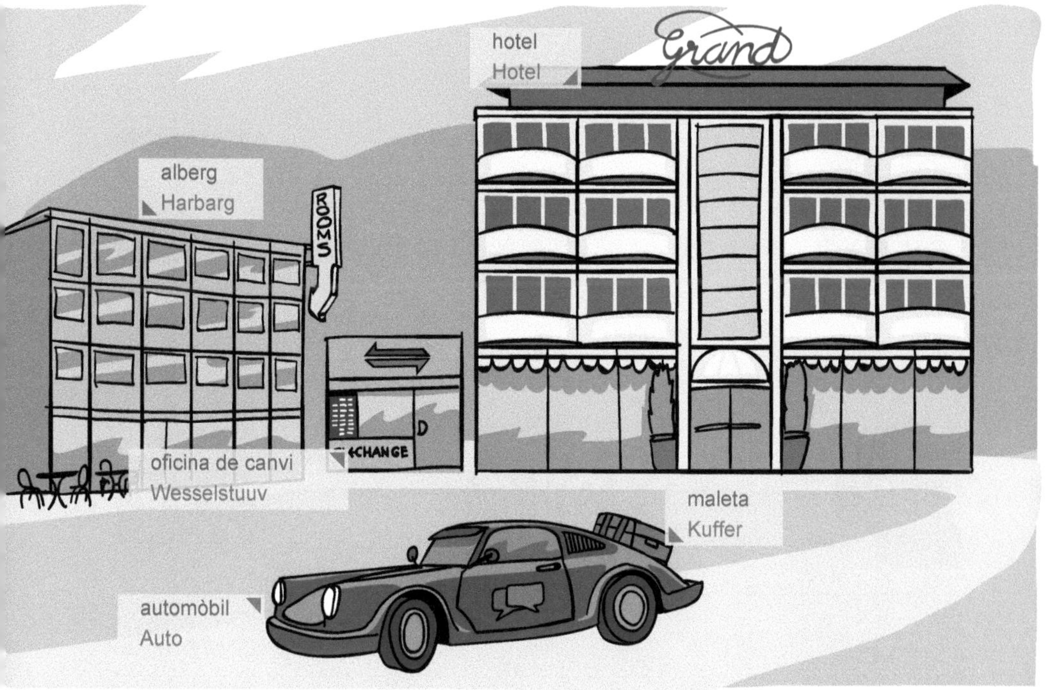

hotel
Hotel
Grand
alberg
Harbarg
ROOMS
EXCHANGE
oficina de canvi
Wesselstuuv
maleta
Kuffer
automòbil
Auto

llengua

Spraak

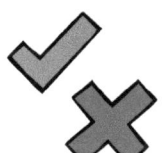

sí / no

jo / ne

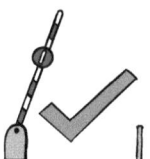

D'acord

Jo

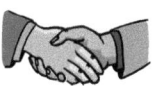

Ey!

Moin

traductora

Översetter

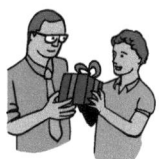

gràcies

Dank ok

Quant costa... ?

Wat kost...?

No entenc

Ik verstah nich

problema

Problem

Bona nit!

Goden Avend

bon dia!

Moin!

bona nit!

Gode Nacht!

fins aviat

Tschüüs

direcció

Richt

bagatge

Bagaasch

bossa

Tasch

sarrona

Rüchsack

convidat

Gast

cambra

Stuuv

sac de dormir

Slaapsack

tenda

Telt

oficina de turisme

Touristeninformatschoon

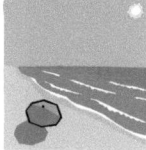

platja

Strand

carta de crèdit

Kreditkoort

esmorzar

Fröhstück

dinar

Meddageten

sopar

Avendeten

bitllet

Fohrkort

ascensor

Fohrstohl

segell

Breefmark

frontera

Grenz

duana

Toll

ambaixada

Bottschop

visat

Visum

passaport

Pass

transport
Transport

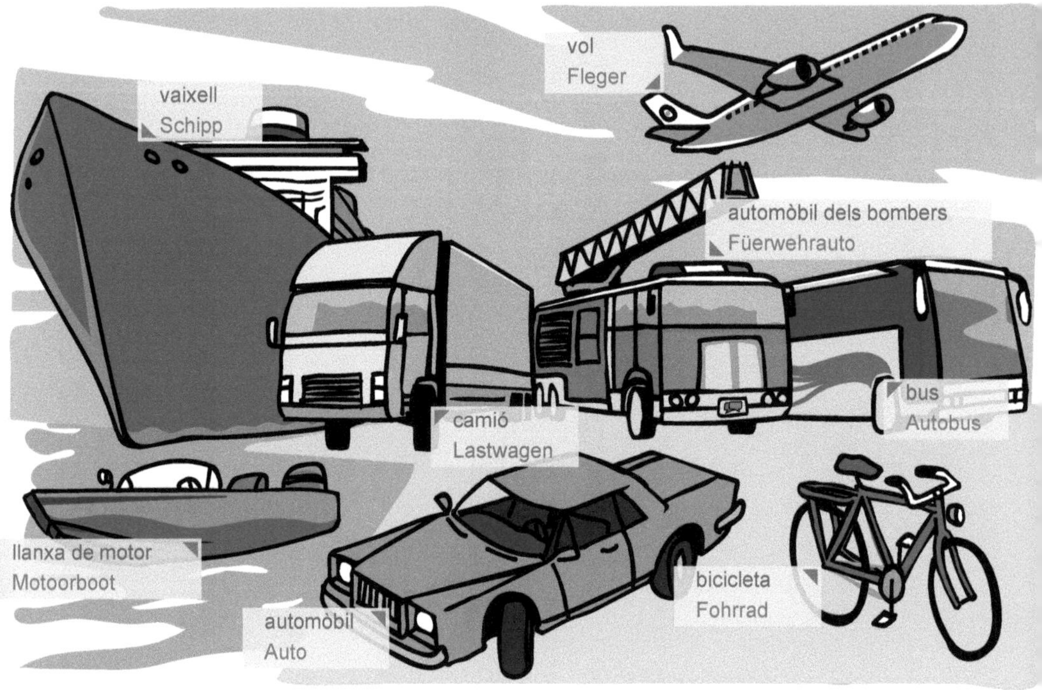

vol
Fleger
vaixell
Schipp
automòbil dels bombers
Füerwehrauto
bus
Autobus
camió
Lastwagen
llanxa de motor
Motoorboot
bicicleta
Fohrrad
automòbil
Auto

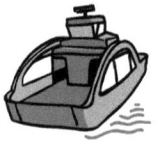

transbordador

Fähr

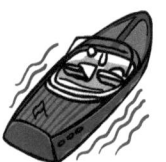

barca

Boot

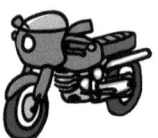

moto

Motoorrad

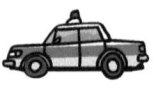

automòbil de policia

Polizeiauto

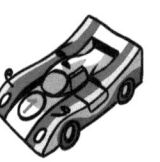

automòbil de curses

Rönnauto

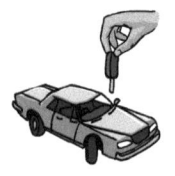

automòbil de lloguer

Lehnwagen

vehicle compartit

Carsharing

grua

Afsleepwagen

camió de les escombraries

Müllauto

motor

Motoor

benzina

Kraftstoff

benzineria

Tanksteed

senyal de trànsit

Verkehrsschild

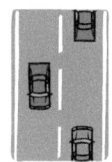

trànsit

Verkehr

embús

Stau

aparcament

Afstellplatz

estació de trens

Bahnhoff

vies

Sporen

tren

Tog

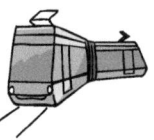

tramvia

Stratenbahn

vagó

Wagon

helicòpter
Dwarsmöhl

aeroport
Flooghaven

torre
Tower

passatger
Fohrgast

contenidor
Grootkist

capsa de cartó
Karton

carretó
Koor

cistella
Korf

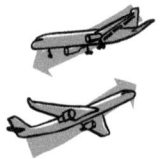

enlairar-se / aterrar
starten / lannen

ciutat

Stadt

poble
Dörp

centre de la ciutat
Binnenstadt

casa
Huus

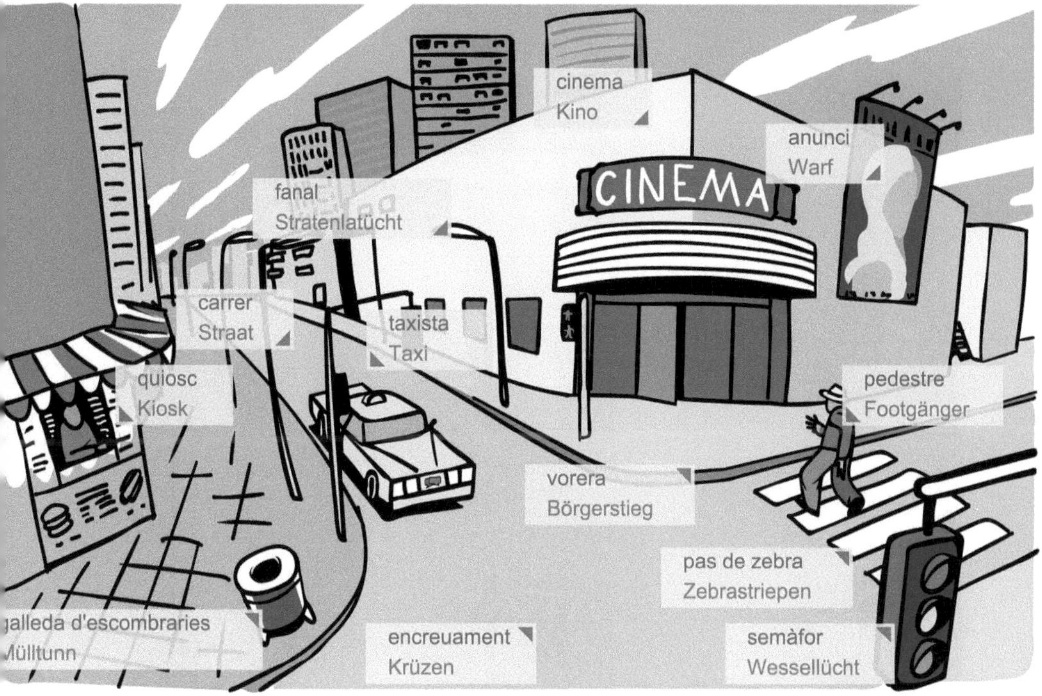

cinema
Kino

anunci
Warf

fanal
Stratenlatücht

CINEMA

carrer
Straat

taxista
Taxi

quiosc
Kiosk

pedestre
Footgänger

vorera
Börgerstieg

pas de zebra
Zebrastriepen

galleda d'escombraries
Mülltunn

encreuament
Krüzen

semàfor
Wessellücht

cabana
....
Hütt

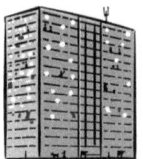

apartament
....
Wahnung

estació de trens
....
Bahnhoff

casa de la vila-ciutat
....
Raathuus

museu
....
Museum

escola
....
School

universitat

Universität

banca

Bank

hospital

Krankenhuus

hotel

Hotel

farmàcia

Afteek

oficina

Büro

llibreria

Bookhökerie

botiga

Hökerie

floristeria

Blomenhökerie

supermercat

Supermarkt

mercat

Markt

gran magatzem

Koophuus

peixateria

Fischhökerie

centre comercial

Inkoopszentrum

port

Haven

parc

Parkanlaag

banc

Bank

pont

Brüch

escala

Trepp

metro

Ünnergrundbahn

túnel

Tunnel

parada d'autobús

Busstoppsteed

bar

Bar

restaurant

Spieslokal

bústia de correu

Breefkassen

senyal indicador

Stratenschild

parquímetre

Parkklock

zoo

Deertenpark

piscina

Baadanstalt

mesquita

Moschee

granja

Buernhoff

pol·lució

Ümweltversmudden

cementiri

Karkhoff

església

Kark

parc infantil

Speelplatz

temple

Tempel

paisatge

Landschop

fulla
Blatt

cartell indicador
Wiespahl

camí
Weg

prat
Wisch

pedra
Steen

arbre
Boom

excursionista
Wannerer

riu
Fluss

gespa
Gras

flor
Bloom

vall
Daal

muntanya
Barg

llac
See

bosc
Holt

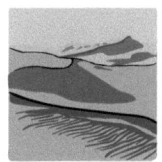

desert
Wööst

volcà
Füerspien Barg

castell
Slott

arc de Sant Martí
Regenbagen

bolet
Poggenstohl

palmera
Palm

moscard
Steekmück

mosca
Fleeg

formiga
Miegeemk

abella
Imm

aranya
Spinn

escarabat

Sebber

granota

Pogg

esquirol

Katteker

eriçó

Swienegel

llebre

Haas

òliba

Uul

ocell

Vagel

cigne

Swaan

senglar

Wildswien

cervo

Hirsch

ant

Elk

presa

Staudamm

turbina

Windrad

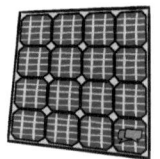

panell solar

Solarmodul

clima

Klima

restaurant
Spieslokal

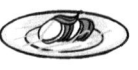

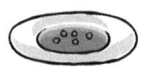

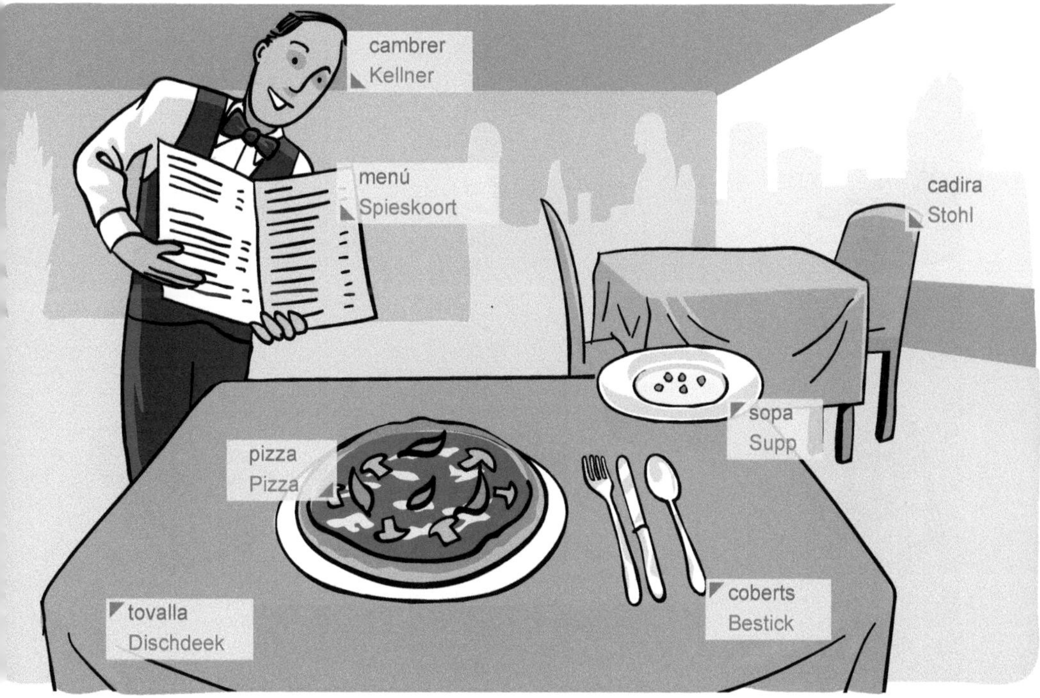
cambrer
Kellner
menú
Spieskoort
cadira
Stohl
sopa
Supp
pizza
Pizza
coberts
Bestick
tovalla
Dischdeek

primer plat
Vörspies

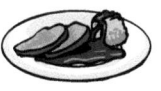

plat principal
Haupteten

darreries
Nadisch

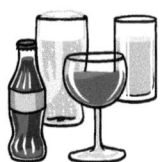

begudes
Drünk

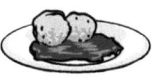

menjar
Eten

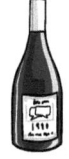

ampolla
Buddel

menjar ràpid

Fastfood

menjar de carrer

Strateneten

tetera

Teekann

sucrer

Zuckerdoos

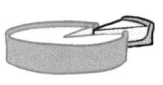

porció

Portschoon

màquina d'espresso

Espressomaschien

trona

Hoochstohl

factura

Reken

plata

Tablett

ganivet

Mess

forqueta

Gavel

cullera

Lepel

cullereta

Teelepel

tovalló

Munddook

got

Glas

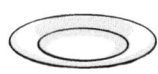

plat

Töller

plat de sopa

Suppentöller

plateret

Ünnertass

salsa

Sooß

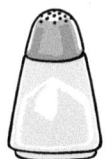

saler

Soltstreuer

molinet de pebre

Pepermöhl

vinagre

Etig

oli

Ööl

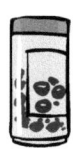

espècies

Krüder

quètxup

Ketchup

mostassa

Mostrich

maionesa

Mayonnaise

supermercat
Supermarkt

oferta especial
Anbott
FOR
client
Kunn
productes lactis
Melkprodukten
fruites
Aaft
carret de la compra
Inkoopswagen

BUTCHERS

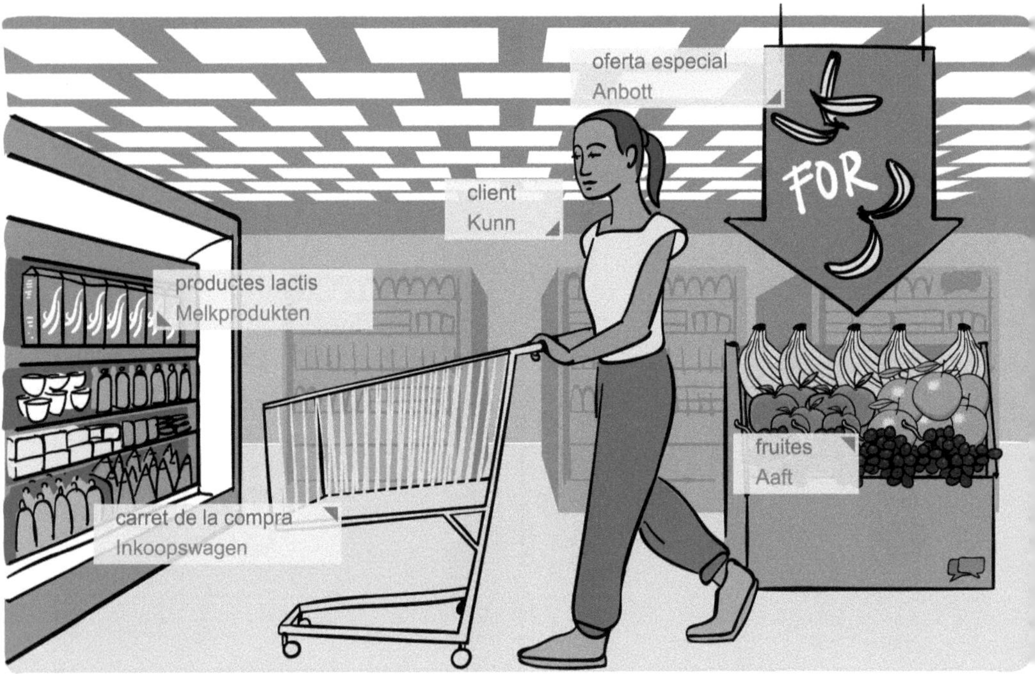

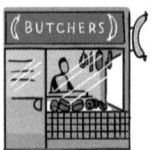

carnisseria

Slachterie

BAKERY

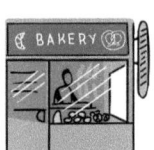

forn de pa

Bäckerie

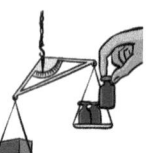

pesar

wegen

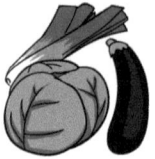

verdures

Gröönsaken

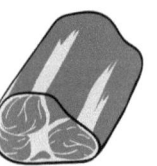

carn

Fleesch

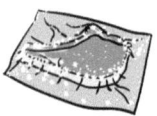

menjar congelat

Deepköhlkost

carn freda

Opsnitt

conserves

Konserven

detergent en pols

Waschmiddel

dolços

Snoopkraam

articles domèstics

Huushooltssaken

productes de neteja

Reinmaaktüüch

venedora

Verköpersche

caixa registradora

Kass

caixera

Kasserer

llista de la compra

Inkoopslist

horari d'obertura

Opsparrtieden

portamonedes

Breeftasch

carta de crèdit

Kreditkoort

bossa

Tasch

bossa de plàstic

Plastiktüüt

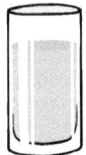

aigua

Water

suc

Saft

llet

Melk

coca-cola

Cola

vi

Wien

cervesa

Beer

alcohol

Spriet

cacau

Kakao

te

Tee

cafè

Koffie

espresso

Espresso

cappuccino

Cappucino

banana

Banaan

poma

Appel

taronja

Appelsien

síndria

Meloon

llimona

Zitroon

pastanaga

Wöttel

all

Knuuvlook

bambú

Bambus

ceba

Zibbel

bolet

Poggenstohl

avellanes

Nööt

fideus

Nudeln

espaguetis

Spaghetti

arròs

Ries

amanida

Salat

patates fregides

Pommes frites

patates fregides

Braadkantüffeln

pizza

Pizza

hamburguesa

Hamborger

entrepà

Sandwich

escalopa

Snitzel

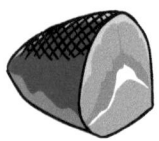

cuixot

Schinken

salami

Salami

salsitxa

Wust

pollastre

Hohn

rostit

Braden

peix

Fisch

flocs de civada

Haverflocken

musli

Müsli

cereals

Cornflakes

farina

Mehl

croissant

Croissant

panet

Rundstück

pa

Broot

torrada

Toast

bescuits

Keksen

mantega

Botter

mató

Quark

pastís

Koken

ou

Ei

ou fregit

Spegelei

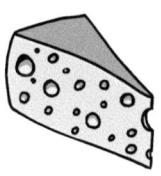

formatge

Kees

gelat

les

sucre

Zucker

mel

Honnig

melmelada

Marmelaad

crema de xocolata

Nougat-Creme

curri

Curry

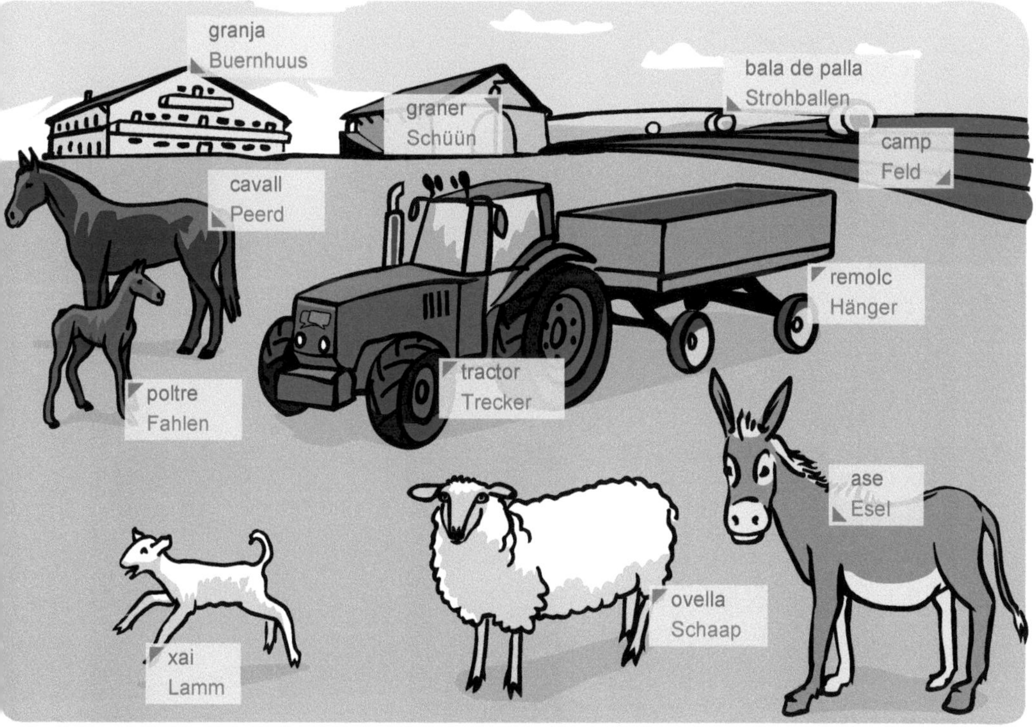

granja
Buernhuus

graner
Schüün

bala de palla
Strohballen

camp
Feld

cavall
Peerd

remolc
Hänger

tractor
Trecker

poltre
Fahlen

ase
Esel

xai
Lamm

ovella
Schaap

cabra

Zeeg

vaca

Koh

vedella

Kalf

porc

Swien

garrí

Farken

bou

Bull

oca
Goos

ànec
Aant

poll
Küken

gall
Hohn

gallina
Hahn

rata
Rott

gat
Katt

ratolí
Muus

bou
Oss

gos
Hund

gossera
Hunnenhütt

mànega de regar
Goornslauch

regadora
Geetkann

dalla
Lee

arada
Ploog

falç
Sich

aixada
Hack

forca
Mestfork

destral
Ext

carretó
Schuufkoor

abeurador
Trog

lletera
Melkkann

sac
Sack

tanca
Tuun

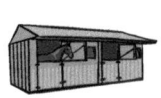

establa
Stall

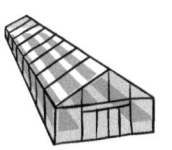

hivernacle
Drievhuus

sòl
Bodden

llavor
Saat

adob
Dünger

collidora
Meihdöscher

collir

oornen

collita

Oorn

nyam

Yamswöttel

blat

Weten

soja

Soja

patata

Kantüffel

blat de moro o d'indi

Törksche Weten

colza

Rapp

arbre fruiter

Aaftboom

mandioca

Troopsch Kantüffel

cereals

Koorn

casa
Huus

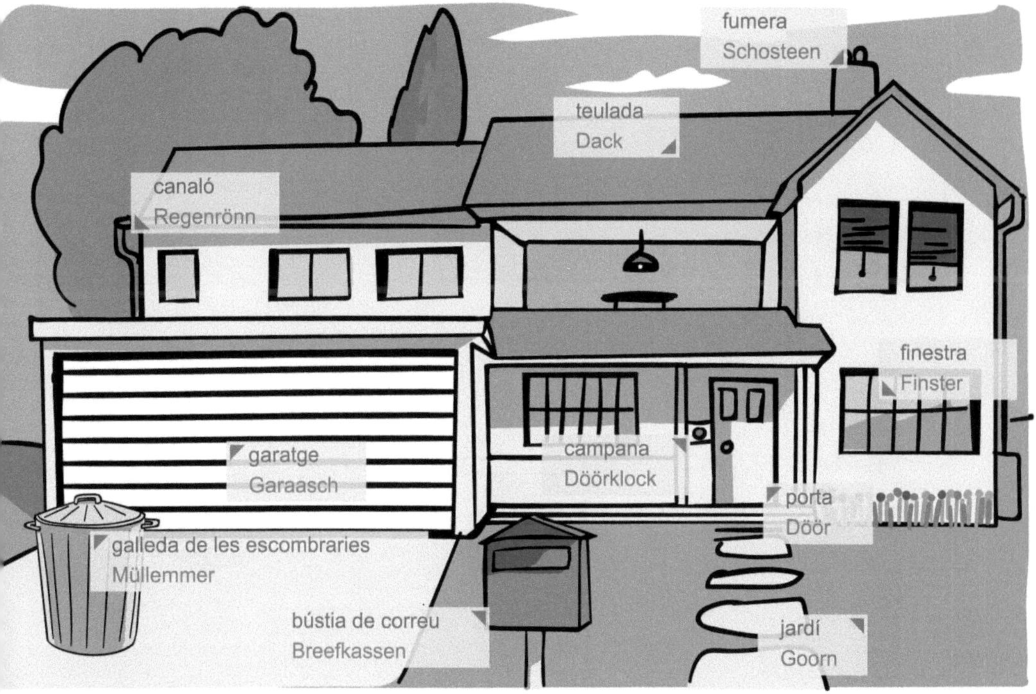
fumera
Schosteen
teulada
Dack
canaló
Regenrönn
finestra
Finster
garatge
Garaasch
campana
Döörklock
porta
Döör
galleda de les escombraries
Müllemmer
bústia de correu
Breefkassen
jardí
Goorn

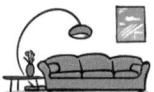

sala d'estar

Wahnstuuv

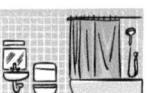

bany

Baadstuuv

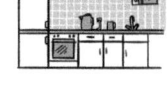

cuina

Köök

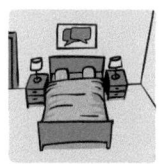

cambra de dormir

Slaapstuuv

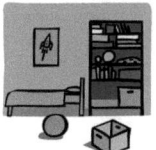

cambra de nen

Kinnerstuuv

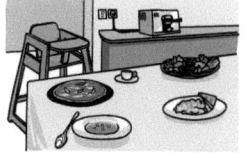

menjador

Eetstuuv

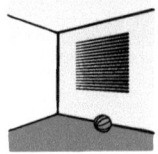

sòl

Footbodden

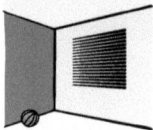

paret

Wand

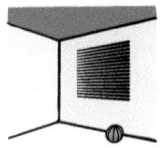

sostre

Deek

soterrani

Keller

sauna

Hittluftbad

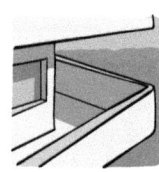

balcó

Balkon

terrassa

Terrass

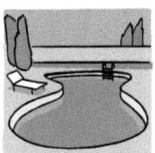

piscina

Swümmbad

tallagespa

Rasenmeiher

vànova

Bettbetog

cobrellit

Bettdeek

llit

Puuch

escombra

Bessen

galleda

Emmer

interruptor

Schalter

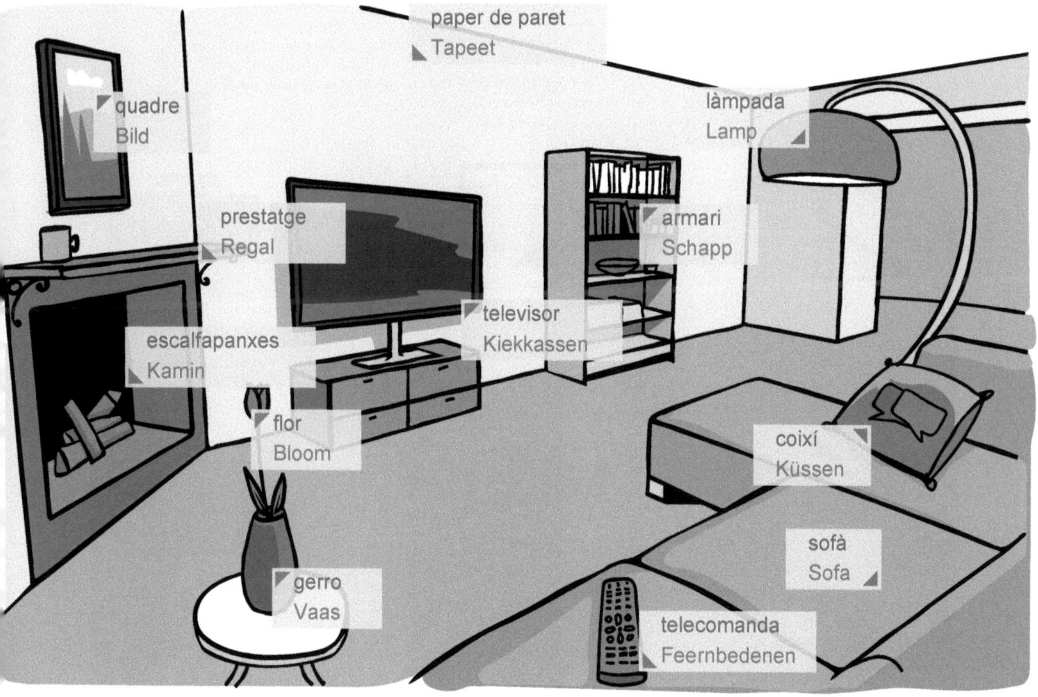

paper de paret
Tapeet

quadre
Bild

làmpada
Lamp

prestatge
Regal

armari
Schapp

escalfapanxes
Kamin

televisor
Kiekkassen

flor
Bloom

coixí
Küssen

sofà
Sofa

gerro
Vaas

telecomanda
Feernbedenen

catifa
Teppich

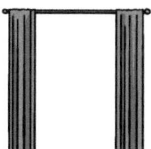

cortina
Vörhang

taula
Disch

cadira
Stohl

cadira gronxadora
Schuckelstohl

cadiral
Sessel

llibre
Book

llençol
Deek

decoració
Dekoratschoon

llenya
Füerholt

film
Film

cadena de música
Stereoanlaag

clau
Slötel

diari
Narichtenblatt

pintura
Gemälde

cartell
Poster

ràdio
Radio

bloc de notes
Opschrievblock

aspiradora
Huulbessen

cactus
Kaktus

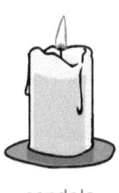

candela
Kars

cuina
Köök

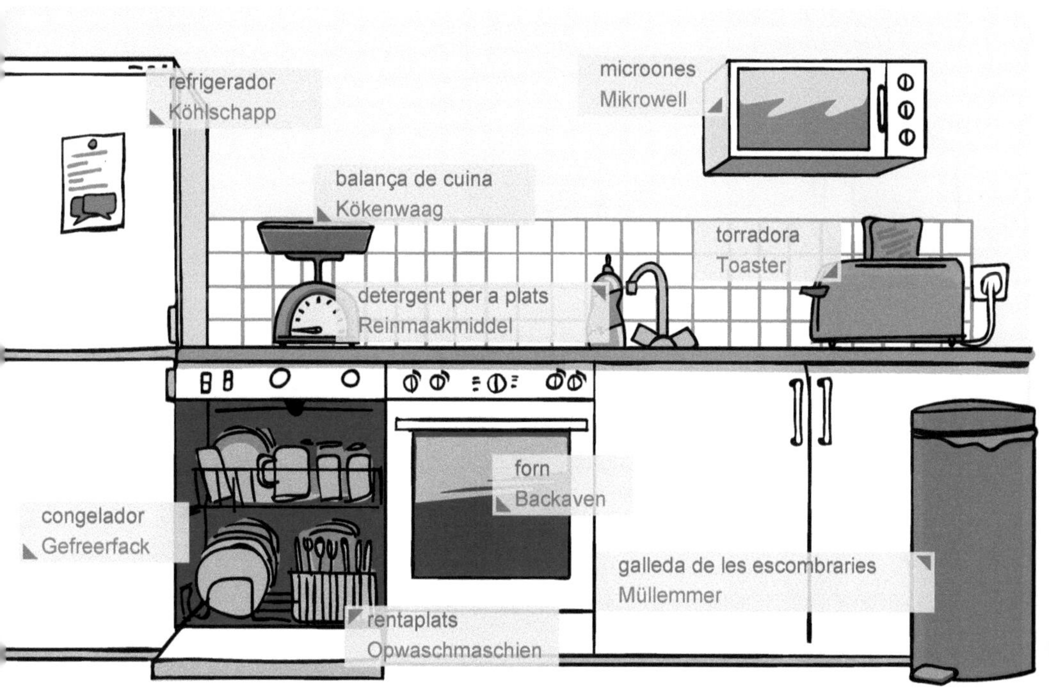
refrigerador
Köhlschapp
microones
Mikrowell
balança de cuina
Kökenwaag
torradora
Toaster
detergent per a plats
Reinmaakmiddel
forn
Backaven
congelador
Gefreerfack
galleda de les escombraries
Müllemmer
rentaplats
Opwaschmaschien

cuina de fogons

Heerd

olla

Pott

olla de ferro colat

Gussiesern Putt

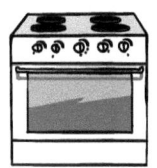

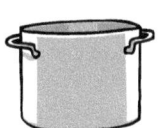

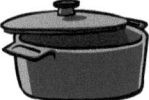

wok / karahi

Wok / Kadai

paella

Pann

bullidor

Waterkaker

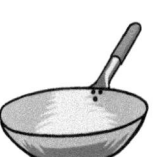

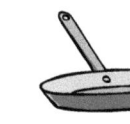

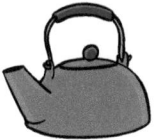

olla de vapor

Dampkaakputt

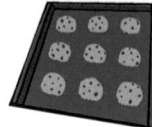

plata de forn

Backblick

vaixella

Geschirr

tassa grossa

Beker

bol

Schaal

bastonets xinesos

Eetsticken

culler

Suppenkell

espàtula

Pannenwenner

batedor

Sneebessen

colador

Kaakseef

sedàs

Seef

ratllador

Riev

morter

Mörser

barbacoa

Grill

foc a terra

Füerstell

taula de tallar

Sniedbrett

corró

Nudelholt

llevataps

Proppentrecker

pot de conserva

Doos

obridor

Dosenaapner

agafador

Pottlappen

aigüera

Waschbecken

raspall

Böst

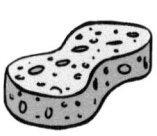

esponja

Swamm

batedora

Mixer

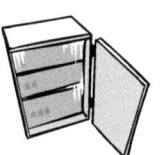

congelador

lesschapp

biberó

Nuckelbuddel

aixeta

Waterhahn

bany
Baadstuuv

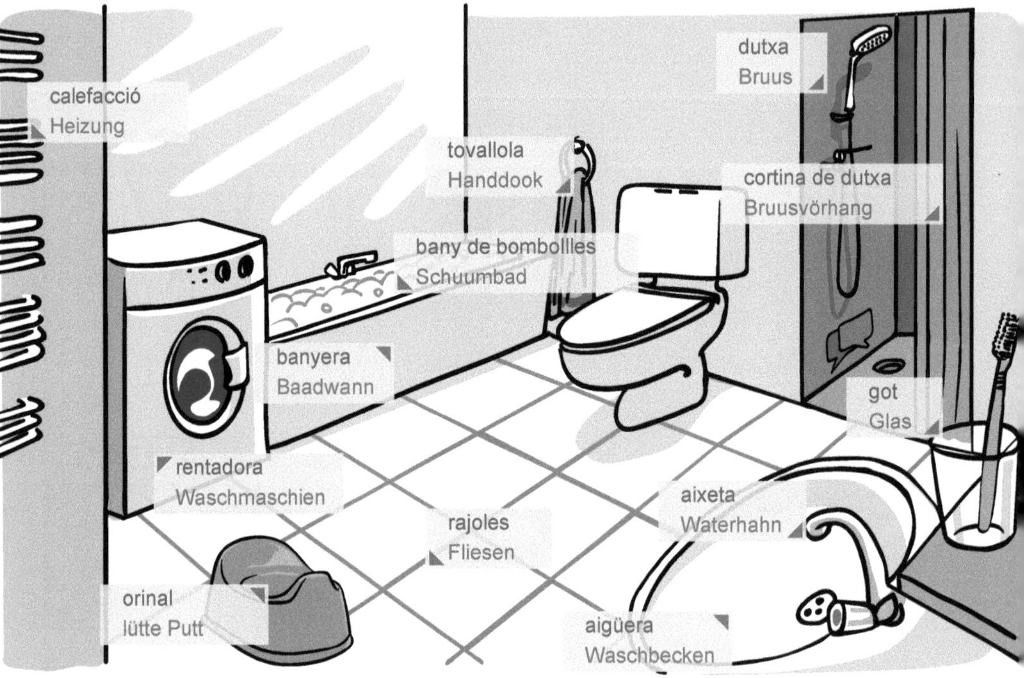

dutxa
Bruus
calefacció
Heizung
tovallola
Handdook
cortina de dutxa
Bruusvörhang
bany de bombolles
Schuumbad
banyera
Baadwann
got
Glas
rentadora
Waschmaschien
aixeta
Waterhahn
rajoles
Fliesen
orinal
lütte Putt
aigüera
Waschbecken

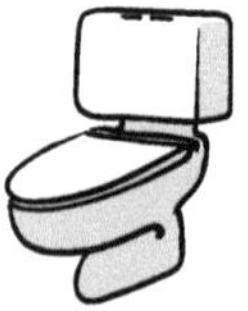

lavabo

Tante Meier

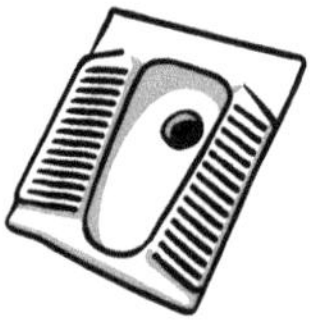

lavabo turc

Hockklo

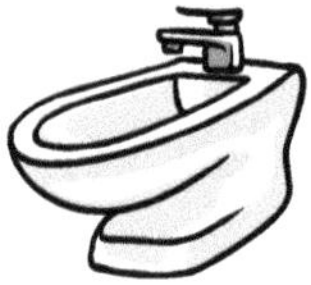

bidet

Bidet

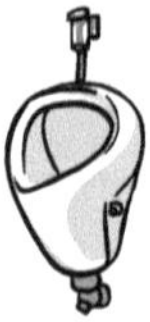

orinador

Miegbecken

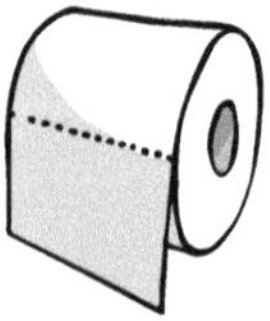

paper higiènic

Klopapeer

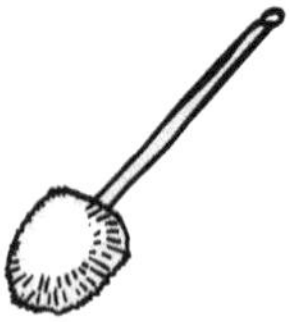

escombreta de sanitari

Kloböst

raspall de dents

Tähnböst

pasta de dents

Tähnpast

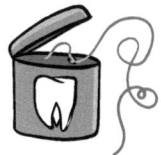

fil dental

Tähnsied

rentar

waschen

pom de dutxa

Handbruus

dutxa íntima

Intimbruus

rentamans

Waschschöttel

raspall per a l'esquena

Rüchböst

sabó

Seep

gel de dutxa

Bruusgeel

xampú

Hoorwaschmiddel

manyopla de bany

Waschlappen

bonera

Afloop

crema

Creme

desodorant

Deodorant

mirall

Spegel

mirall-espill de mà

Kosmetikspegel

maquineta de rasar

Raserer

espuma de barbejar

Raseerschuum

loció post-rasada

Raseerwater

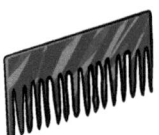

pinta

Kamm

raspall

Böst

eixugador

Hoordröger

laca

Hoorspray

maquillatge

Smink

pintallavis

Lippensticken

esmalt d'ungles

Nagellack

cotó

Watt

tallaungles

Nagelscheer

perfum

Rüükwater

estoig de bellesa

Kulturbüdel

tamboret

Schemel

bàscula

Waag

barnús

Baadmantel

guants de goma

Gummihanschen

compresa higiènica

Tampon

compresa

Damenbinn

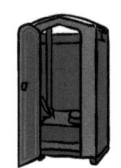

sanitari químic

Chemieklo

cambra de nen
Kinnerstuuv

despertador
Wecker
animal de peluix
Knudeldeert
auto de joguina
Speeltüüchauto
sonall
Klöter
casa de nines
Poppenhuus
present
Geschenk

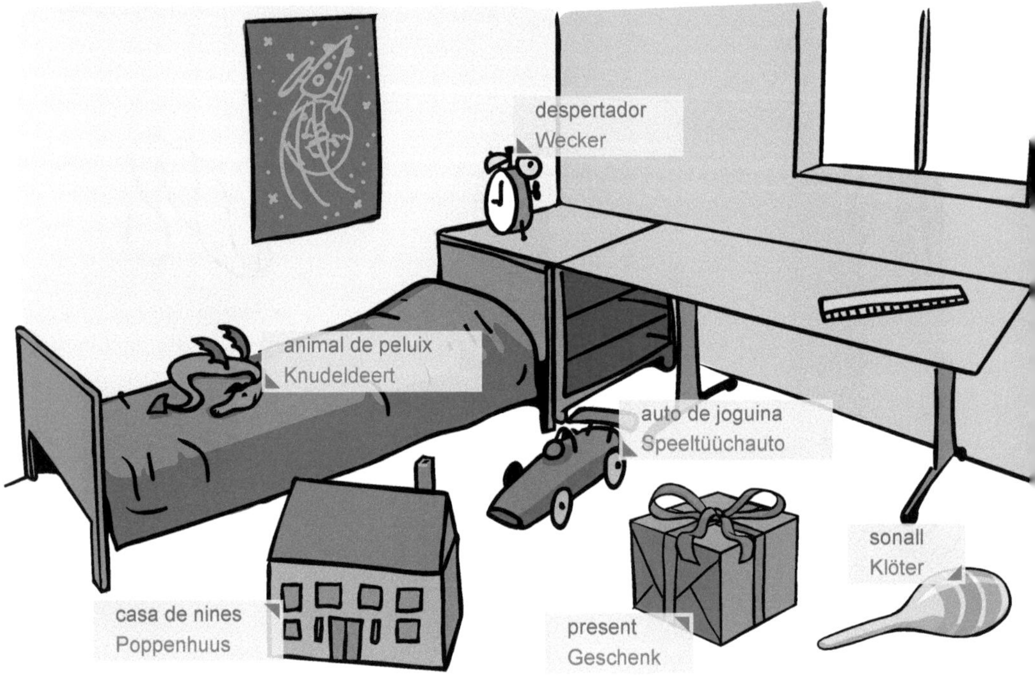

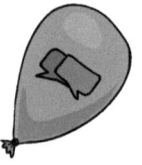

baló
Luftballon

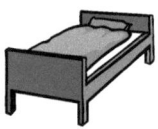

llit
Puuch

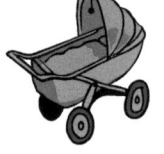

cotxet per a nens
Kinnerwagen

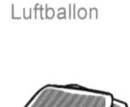

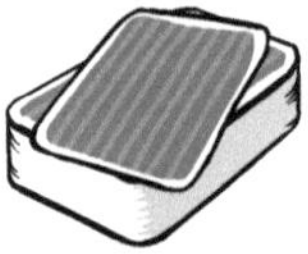

joc de cartes
Koortenspeel

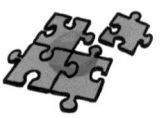

trencaclosca
Puzzle

SUPER
MEGA

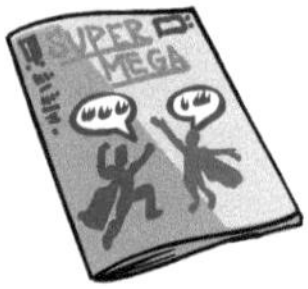

historieta
Billergeschicht

peces de lego

Legostenen

peces de construcció

Bustenen

ninot d'acció

Action-Figur

granota

Strampelantog

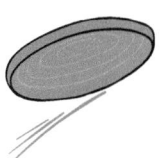

frisbee

Frisbeeschiev

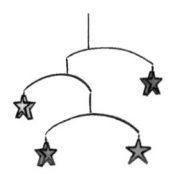

mòbil per a bressol

Mobile

joc de taula

Brettspeel

daus

Wörpel

tren elèctric

Modelliesenbahn

xumet

Snuller

festa

Party

llibre de dibuixos

Billerbook

pilota

Ball

nina

Popp

jugar

spelen

sorrera

Sandkassen

gronxador

Schuckel

joguines

Speeltüüch

consola de jocs de vídeo

Speelkonsool

tricicle

Dreerad

osset de peluix

Teddyboor

armari

Klederschapp

roba

Tüüch

mitjons

Socken

mitges

Strümp

mitja pantaló

Strumpbüx

tapacoll
Halsdook

cintura
Liefreem

paraigua
Paraplü

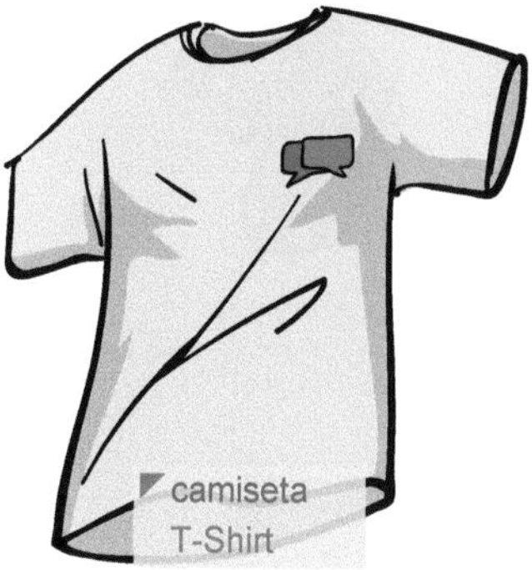

camiseta
T-Shirt

sabates d'esport
Turnschoh

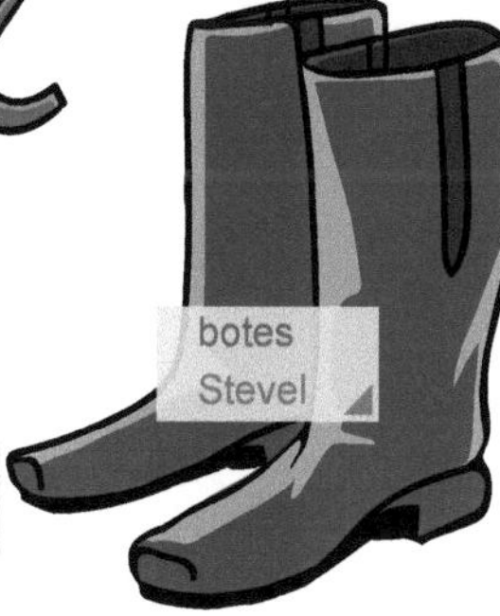

botes
Stevel

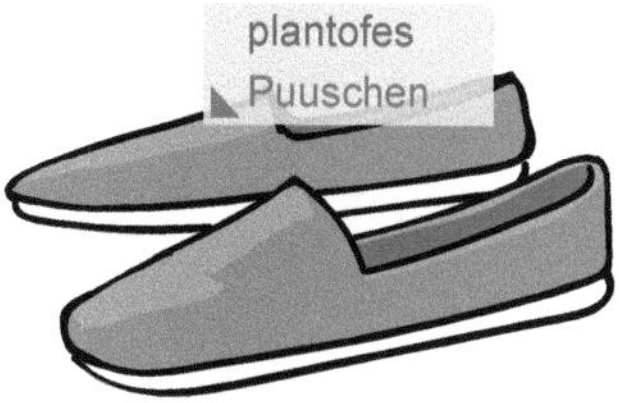

plantofes
Puuschen

sandàlies

Sandalen

sabates

Schoh

botes de goma

Gummistevel

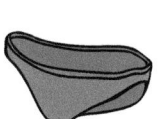

calçonets

Ünnerbüx

sostenidor

Bostholler

guardapits

Ünnerhemd

jjustacòs

Lief

pantalons

Büx

jeans

Jeansnüx

faldeta

Rock

brusa

Bluus

camisa

Hemd

jersei

Pullover

dessuadora

Kapuzenpullover

blazer

Blazer

jaqueta

Jack

mantell

Mantel

impermeable

Övertrecker

vestit de dona

Kostüm

vestit de dona

Kleed

vestit de núvia

Hochtietskleed

vestit d'home

Antog

camisa de dormir

Nachtkleed

pijama

Slaapantog

sari

Sari

mocador de cap

Koppdook

turbant

Turban

burca

Burka

caftan

Kaftan

abaia

Abaya

vestit de bany

Baadantog

calçon(et)s de bany

Baadbüx

pantalons curts

Korte Büx

xandall

Antog to'n Öven

davantal

Schört

guants

Handschoh

botó

Knopp

ulleres

Brill

braçalet

Armband

collaret

Halskeed

anell

Ring

orellera

Ohrbummel

casquet

Mütz

penjador

Klederbögel

capell

Hoot

corbata

Binner

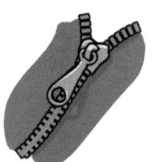

cremallera

Rietslüter

casc

Helm

elàstics

Drachtband

uniforme escolar

Schooluniform

uniforme

Uniform

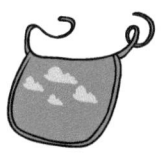

pitet

Severböten

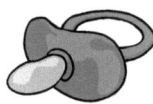

xumet

Snuller

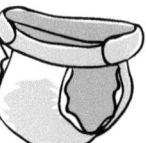

bolquer

Winnel

oficina
Büro

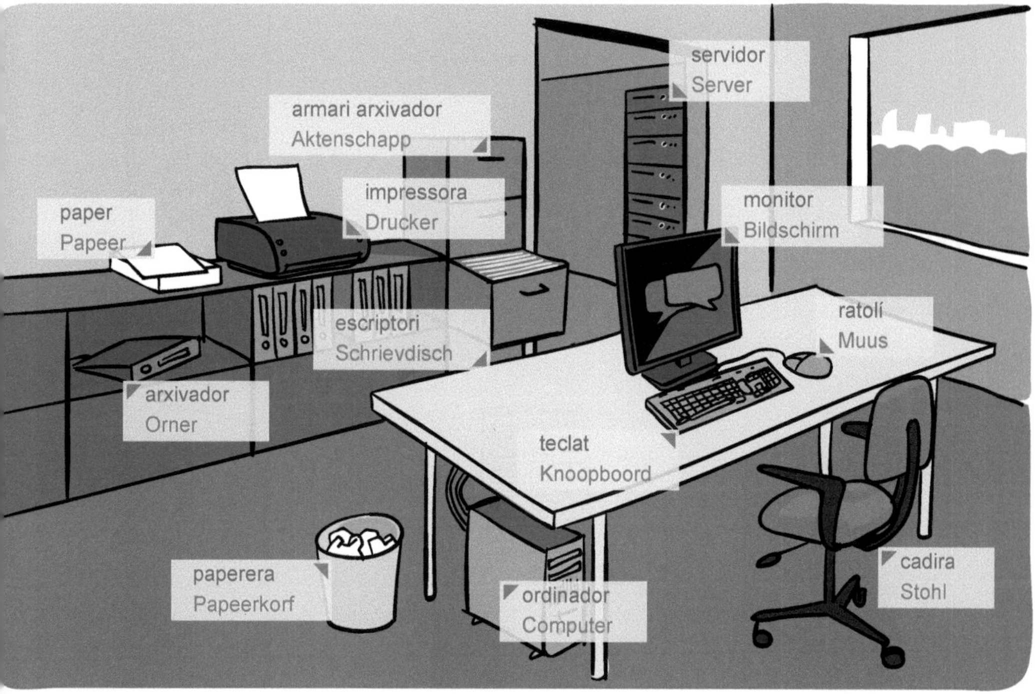
servidor
Server
armari arxivador
Aktenschapp
impressora
Drucker
paper
Papeer
monitor
Bildschirm
ratolí
Muus
escriptori
Schrievdisch
arxivador
Orner
teclat
Knoopboord
paperera
Papeerkorf
cadira
Stohl
ordinador
Computer

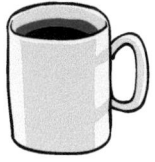

tassa de cafè

Koffiebeker

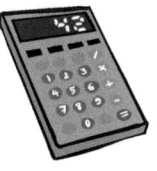

calculadora

Taschenreekner

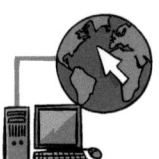

Internet

Internet

ordinador portàtil

Klappreekner

lletra

Breef

missatge

Naricht

mòbil

Ackersnacker

xarxa

Nettwark

fotocopiadora

Kopeerapparat

programari

Software

telèfon

Klöönkassen

presa de corrent

Steekdoos

fax

Faxapparat

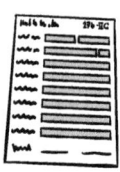

formulari

Formulor

document

Dokument

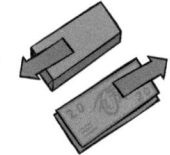

comprar

köpen

pagar

betahlen

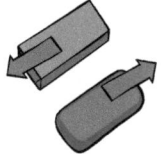

comerciar

hanneln

diners

Geld

dòlar

Dollar

euro

Euro

ien

Yen

ruble

Ruvel

franc suís

Swiezer Franken

renminbi

Renminbi Yuan

rupia

Rupie

caixa automàtica

Geldautomat

oficina de canvi

Wesselstuuv

or

Gold

argent

Sülver

petroli

Ööl

energia

Energie

preu

Pries

contracte

Verdrag

impost

Stüer

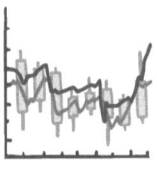

acció

Andeelschien

treballar

arbeiden

treballador

Anstellte

empresari

Arbeitgever

fàbrica

Fabrik

botiga

Hökerie

oficial de policia
Wachtmeester

bomber
Füerwehrmann

cuiner
Kock

doctora
Dokter

pilot
Fleger

jardiner

Goorner

fuster

Discher

costurera

Neihersche

jutge

Richter

química

Chemiker

actor

Schauspeler

conductor d'autobús

Busfohrer

taxista

Taxifohrer

pescador

Fischer

dona de la neteja

Reinmaakfru

ensostrador

Dackdecker

cambrer

Kellner

caçador

Jäger

pintor

Maler

forner

Bäcker

electricista

Elektriker

obrer de la construcció

Buarbeider

enginyer

Ingenieur

carnisser

Slachter

llanterner

Klempner

correu

Postbüdel

soldat

Suldat

arquitecte

Architekt

caixera

Kasserer

florista

Florist

perruquer

Putzbüdel

revisor

Schaffner

mecànic

Mechaniker

capità

Kaptein

dentista

Tähndokter

científic

Wetenschopler

rabí

Rabbi

imam

Imam

monjo

Mönk

capellà

Paap

eines
Warktüüch

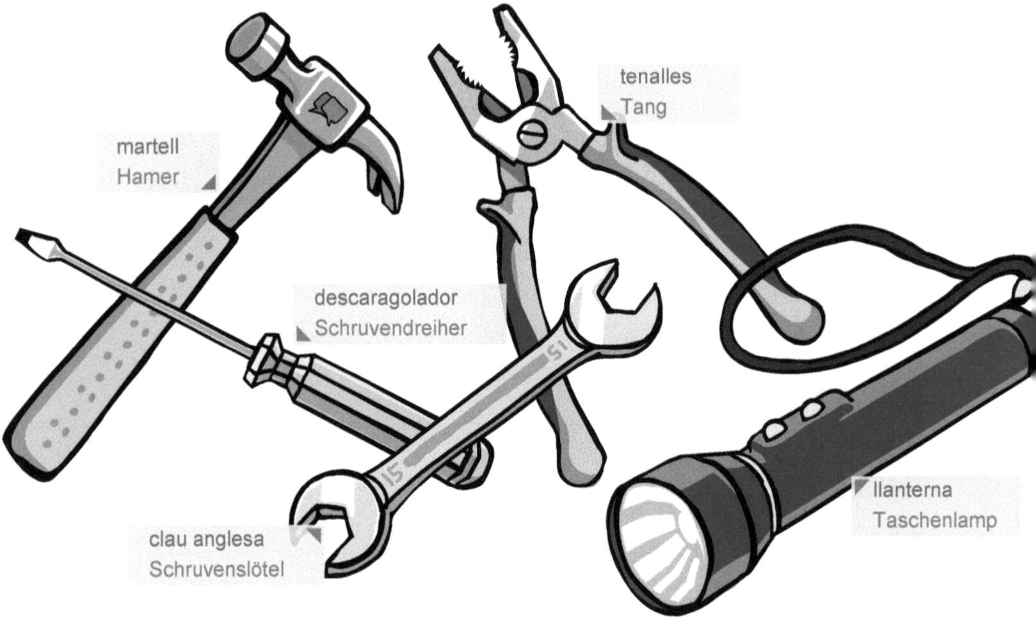
martell
Hamer
tenalles
Tang
descaragolador
Schruvendreiher
clau anglesa
Schruvenslötel
llanterna
Taschenlamp

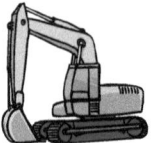

excavadora
Grieper

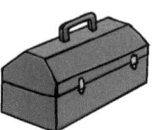

caixa d'eines
Warktüüchkassen

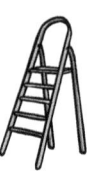

escala
Ledder

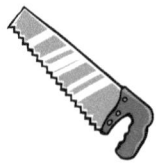

serra
Saag

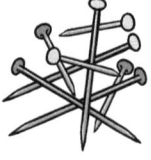

claus
Nagels

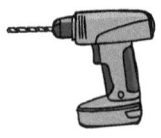

trepant
Bohrer

reparar

heelmaken

pala

Schüffel

Maleït siga!

Schiet!

pala

Kehrblick

pot de pintura

Farvpott

caragols

Schruven

instrument de música
Musikinstrumenten

altaveu
Luutsnacker

bateria
Slagtüüch

guitarra
Rietfiedel

contrabaix
Bass-Vigelien

trompeta
Trumpeet

piano

Klaveer

violí

Vigelien

baix

Bass

timbal

Pauk

tambor

Trummeln

teclat

Keyboard

saxofon

Saxophon

flauta

Fleut

micròfon

Mikrofoon

ZOO

Deertenpark

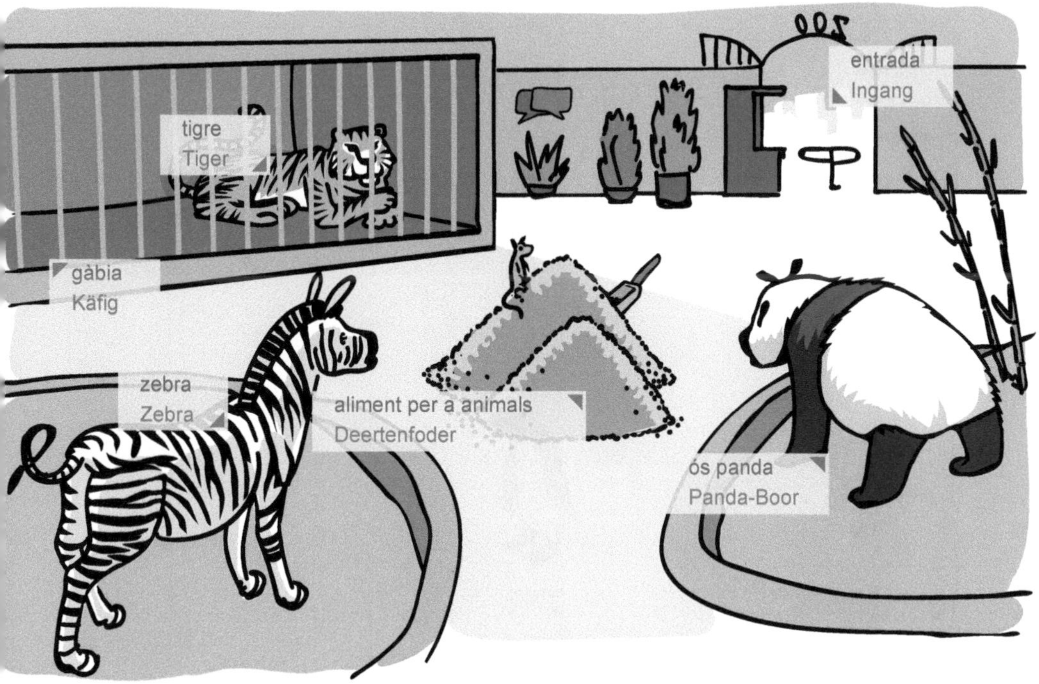
entrada
Ingang
tigre
Tiger
gàbia
Käfig
zebra
Zebra
aliment per a animals
Deertenfoder
ós panda
Panda-Boor

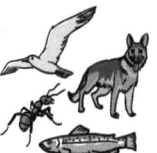

animals

Deerten

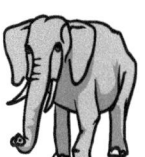

elefant

Elefant

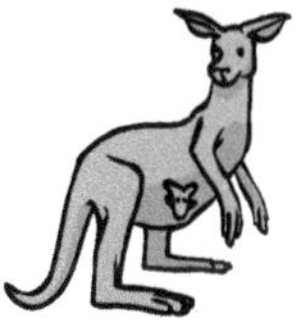

cangurú

Känguru

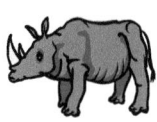

rinoceront

Neeshoorn

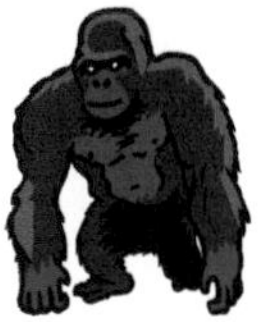

goril·la

Gorilla

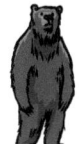

ós

Boor

camell

Kameel

estruç

Struuß

lleó

Lööv

simi

Aap

flamenc

Flamingo

papagai

Papagoi

ós polar

Iesboor

pingüí

Pinguin

ca mari

Haifisch

paó

Pageluun

serp

Slang

cocodril

Krokodil

guardià del zoo

Oppasser in'n Deertenpark

foca

Saalhund

jaguar

Jaguor

poni

Pony

lleopard

Leopard

hipopòtam

Nilpeerd

girafa

Giraff

àliga

Aadler

senglar

Wildswien

peix

Fisch

tortuga

Schildkrööt

morsa

Walross

guineu

Voss

gasela

Gazell

futbol americà
Amerikaansch Football

ciclisme
Radfohren

tenis
Tennis

bàsquet
Korfball

natació
Swümmen

boxa
Boxen

hoquei sobre gel
Ieshockey

futbol americà

Football

bàdminton

Fedderball

atletisme

Leichtathletik

handbol

Handball

esquí

Skilopen

polo

Polo

activitats
Aktivitäten

saltar
springen
riure
lachen
abraçar
ümarmen
anar
gahn
cantar
singen
somiar
drömen
pregar
beden
fer un petó
snuteln

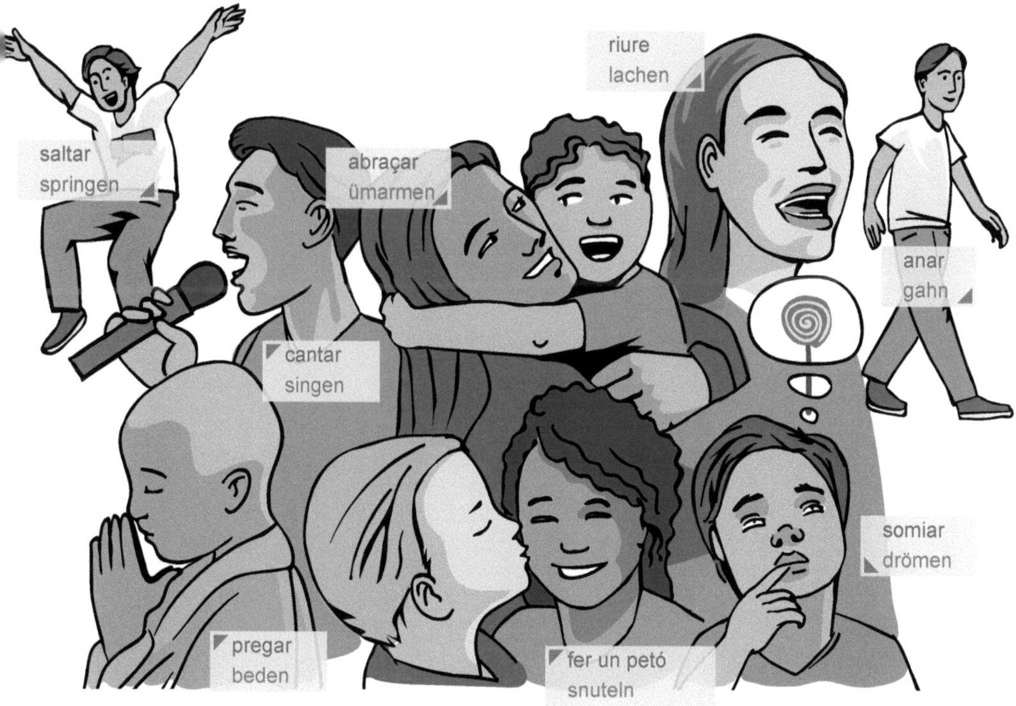

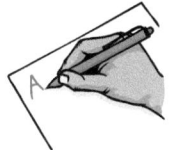

escriure
schrieven

dibuixar
teken

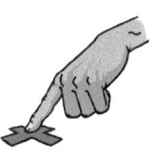

mostrar
wiesen

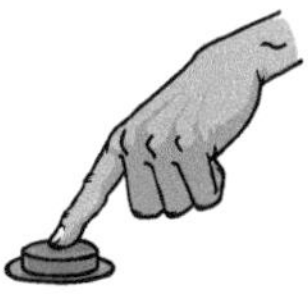

pitjar
drücken

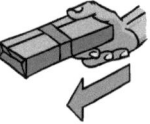

donar
geven

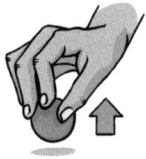

prendre
nehmen

tenir

hebben

fer

doon

ésser

sien

estar dret

stahn

córrer

lopen

estirar

trecken

llançar

smieten

caure

fallen

jeure

liggen

esperar

töven

portar

dregen

asseure's

sitten

vestir-se

antrecken

dormir

slapen

despertar-se

opwaken

mirar

ankieken

plorar

wenen

amoixar

eien

pentinar

kämmen

parlar

snacken

comprendre

verstahn

demanar

fragen

escoltar

hören

beure

drinken

menjar

eten

endreçar

oprümen

estimar

leefhebben

cuinar

kaken

conduir

fohren

volar

flegen

navegar

segeln

calcular

reken

llegir

lesen

aprendre

lehren

treballar

arbeiden

casar-se

de Plünnen tohoopsmieten

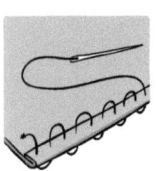

cosir

neihen

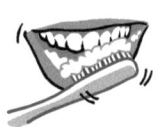

raspallar-se les dents

Tähnen putzen

matar

dootmaken

fumar

smöken

enviar

schicken

àvia
Grootmoder

avi
Grootvadder

pare
Vadder

mare
Moder

nadó
Winnelkind

filla
Dochter

fill
Söhn

convidat
Gast

tia
Tant

oncle
Unkel

germà
Broder

germana
Süster

cos

Lief

front
Vörkopp
ull
Oog
espatlla
Schuller
dit
Finger
cara
Gesicht
barbeta
Kinn
mà
Hand
cama
Been
pit
Bost
braç
Arm

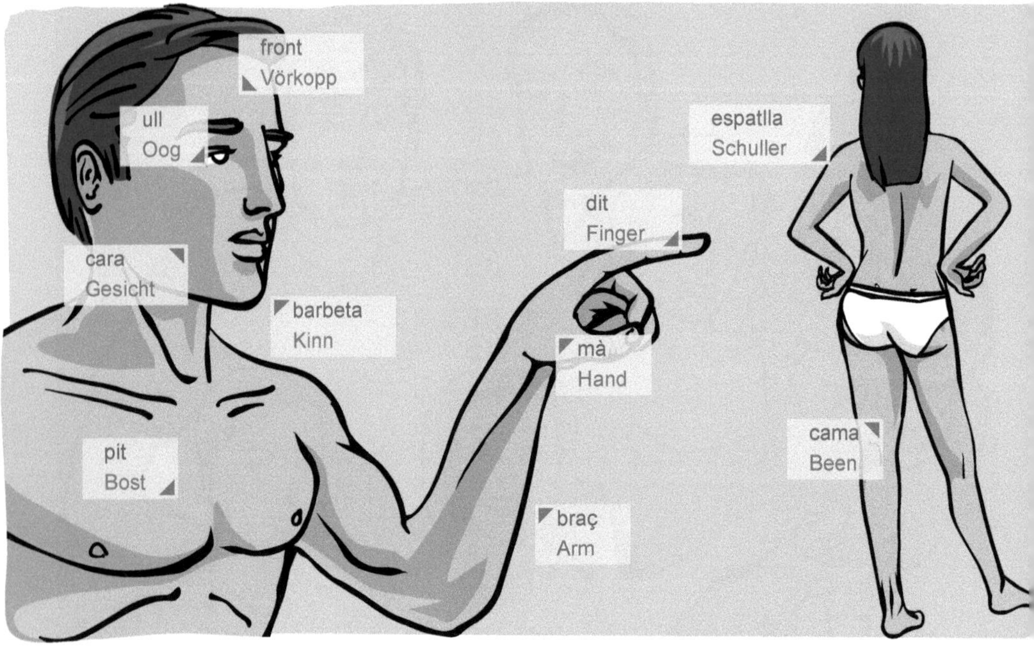

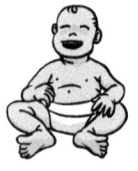

nadó

Winnelkind

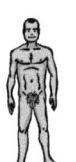

home

Mann

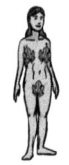

dona

Fro

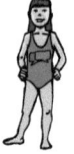

noia

Deern

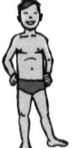

noi

Jung

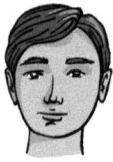

cap

Arm

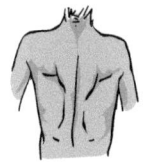

esquena

Rüch

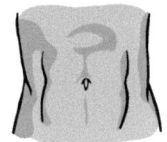

panxa

Buuk

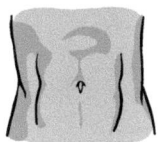

melic

Navel

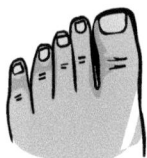

dit gros del peu

Teh

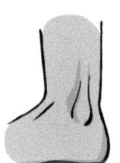

taló

Hack

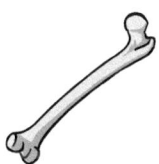

os

Knaken

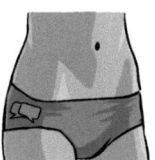

maluc

Hüft

genoll

Knee

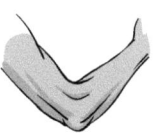

colze

Ellbagen

nas

Nees

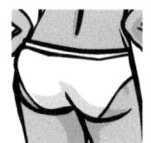

cul

Achtersen

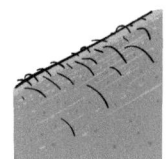

pell

Huut

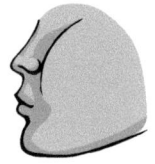

galta

Back

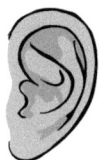

orella

Ohr

llavi

Lipp

cos - Lief

boca

Mund

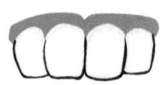

dent

Tähn

llengua

Tung

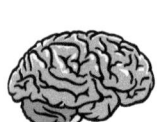

cervell

Bregen

cor

Hart

múscul

Muskel

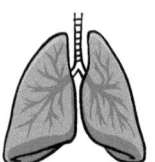

pulmó

Lung

fetge

Lever

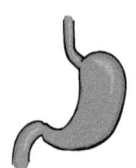

estómac

Maag

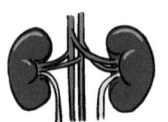

ronyó

Neren

relació sexual

Bislaap

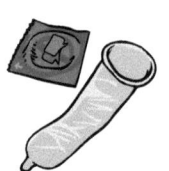

preservatiu

Kondoom

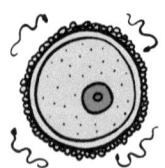

ovari

Eizell

semen

Sperma

prenyat

Anner Ümstänn

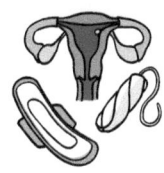

menstruació

Menstruatschoon

vagina

Scheed

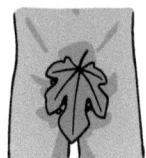

penis

Pint

cella

Ogenbroe

cabells

Hoor

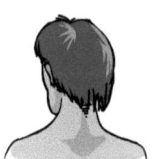

coll

Hals

hospital
Krankenhuus

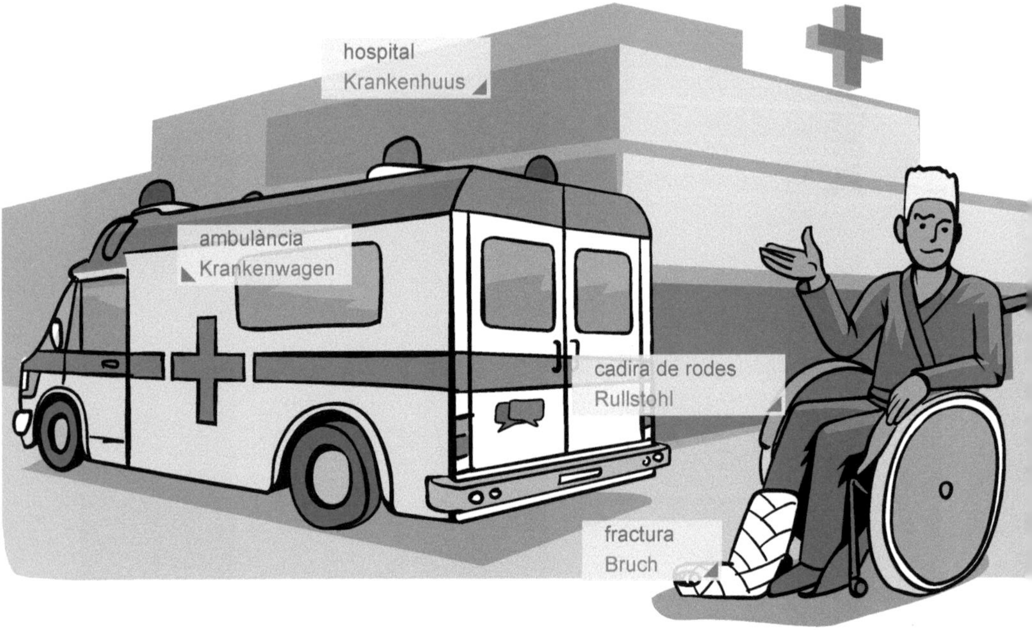

hospital
Krankenhuus
ambulància
Krankenwagen
cadira de rodes
Rullstohl
fractura
Bruch

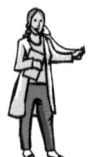

doctora

Dokter

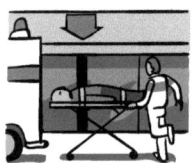

sala d'urgències

Nootopnahm

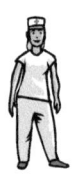

infermera

Krankensüster

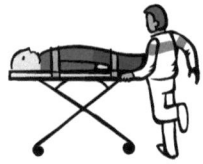

urgència

Nootfall

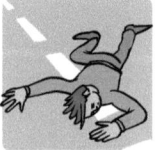

inconscient

ahnmächtig

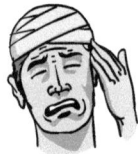

dolor

Wehdaag

ferida

Verwunnen

sagnament

Blöden

atac de cor

Hartinfarkt

apoplexia

Slaganfall

al·lèrgia

Allergie

tos

Hoosten

febre

Fever

gripa

Gripp

diarrea

Dörchfall

mal de cap

Koppwehdaag

càncer

Kreeft

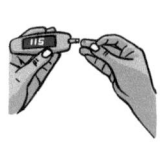

diabetis

Zuckersüük

cirurgià

Chirurg

escalpel

Chirurgsch Mess

operació

Operatschoon

tomografia computada (TC), TAC
....
CT

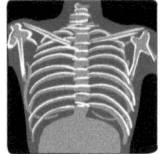

raigs x
....
Dörchlüchten

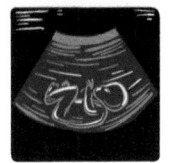

ultrasò
....
Ultraschall

mascareta
....
Mask

malaltia
....
Krankheit

sala d'espera
....
Töövruum

crossa
....
Krück

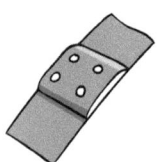

tireta
....
Plaaster

embenat
....
Verband

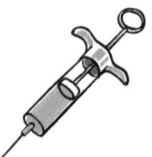

injecció
....
Insprütten

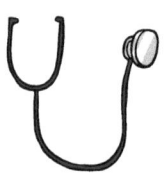

estetoscopi
....
Stethoskop

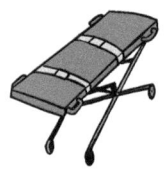

llitera
....
Draag

termòmetre clínic
....
Feverthermometer

pariment
....
Geboort

sobrepès
....
Övergewicht

hospital - Krankenhuus

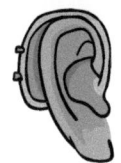

aparell auditiu

Höörapparat

desinfectant

Kiemfriemiddel

infecció

Ansteken

virus

Virus

VIH / SIDA

HIV / AIDS

medicina

Heelmiddel

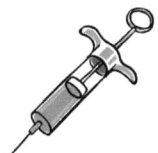

vaccí

Impen

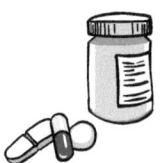

comprimits

Tabletten

píl·lola

Pill

trucada d'urgència

Nootroop

tensiòmetre

Blootdruck-Meter

malalt / sà

krank / gesund

Socors!

Hölp!

alarma

Alarm

assalt

Överfall

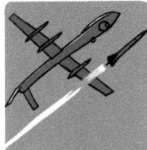

atac

Angreep

perill

Gefohr

sortida-eixida d'urgència

Nootutgang

Foc!

Füer!

extintor

Füerlöscher

accident

Unfall

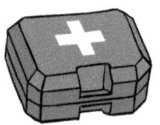

farmaciola de primers auxilis

Noothölpkoffer

SOS

SOS

policia

Polizei

Europa

Europa

Amèrica del Nord

Noordamerika

Amèrica del Sud

Süüdamerika

Àfrica

Afrika

Àsia

Asien

Austràlia

Australien

Atlàntic

Atlantik

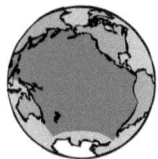

Pacífic

Pazifik

Oceà Índic

Indisch Weltmeer

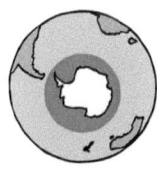

Oceà Antàrtic

Antarktisch Weltmeer

Oceà Àrtic

Arktisch Weltmeer

pol nord

Noordpol

pol sud

Süüdpol

Antàrtida

Antarktis

terra

Eerd

país

Land

mar

See

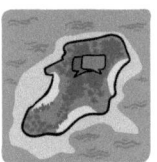

illa

Eiland

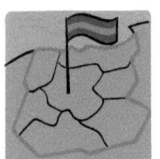

nació

Natschoon

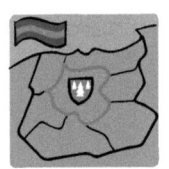

estat

Staat

quadrant

Tallenblatt

agulla de les hores

Stunnenwieser

agulla dels minuts

Minutenwieser

agulla dels segons

Sekunnenwieser

Quina hora és?

Wo laat is dat?

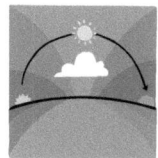

dia

Dag

temps

Tiet

ara

nu

rellotge digital

digetaalsch Klock

minut

Minuut

hora

Stunn

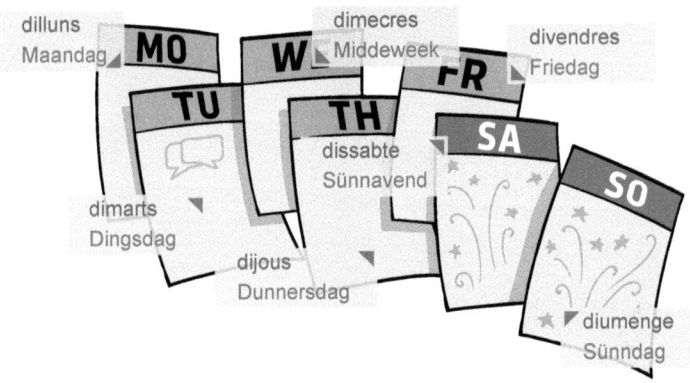

dilluns
Maandag

dimecres
Middeweek

divendres
Friedag

dimarts
Dingsdag

dissabte
Sünnavend

dijous
Dunnersdag

diumenge
Sünndag

ahir

güstern

avui

hüüt

demà

morgen

matí

Morgen

migdia

Meddag

tarda

Avend

dia feiner

Arbeitsdaag

cap de setmana

Wekenenn

any
Johr

pluja
Regen
arc de Sant Martí
Regenbagen
neu
Snee
vent
Wind
primavera
Fröhjohr
tardor
Harvst
estiu
Sommer
hivern
Winter

4.APRIL 11°
5.APRIL 4°
6.APRIL 13°
7.APRIL 8°
8.APRIL 10°

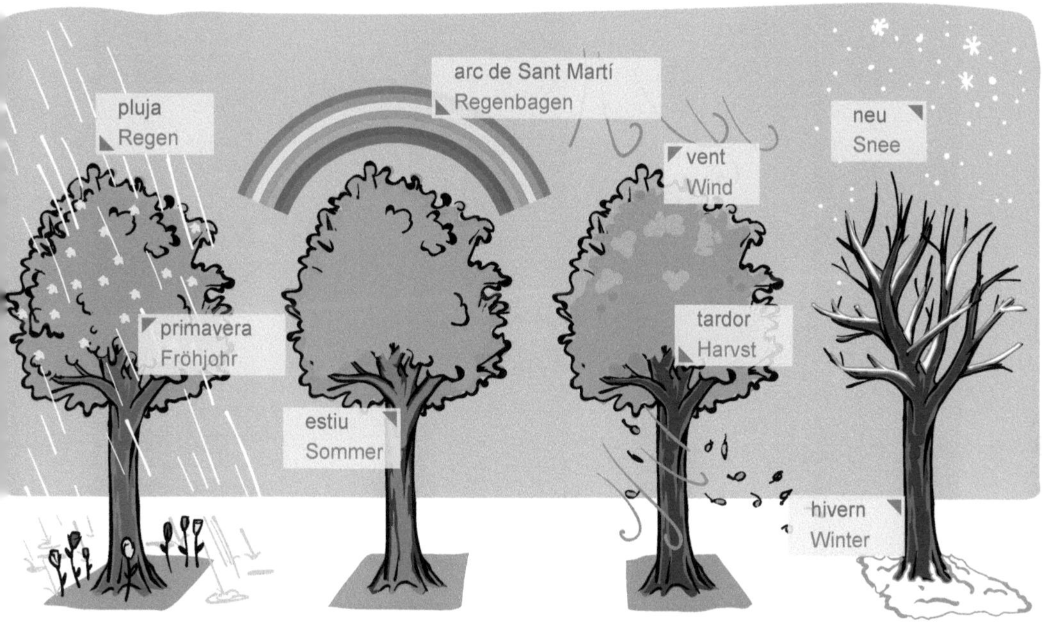

pronòstic del temps

Wedervörhersaag

F C
120 40
90 30
60 20
30 10
0 0
-30 -10
-20

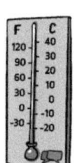

termòmetre

Thermometer

llum del sol

Sünnenschien

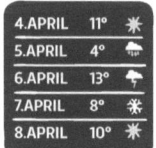

núvol

Wulk

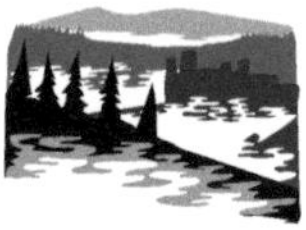

boira

Nevel

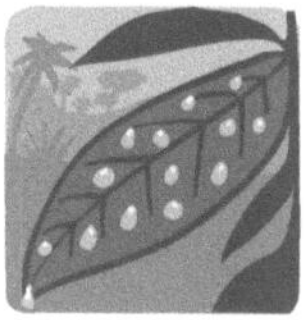

humiditat de l'aire

Luftfuchtigkeit

llamp
....
Blitz

tro
....
Dunner

tempesta
....
Storm

calamarsa
....
Hagel

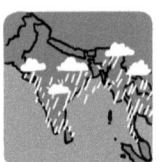

monsó
....
Monsun

inundació
....
Floot

gel
....
Ies

gener
....
Januormaand

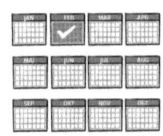

febrer
....
Februormaand

març
....
Martmaand

abril
....
Aprilmaand

maig
....
Maimaand

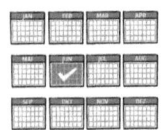

juny
....
Junimaand

juliol
....
Julimaand

agost
....
Augustmaand

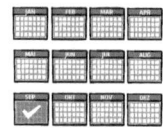

setembre

Septembermaand

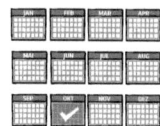

octubre

Oktobermaand

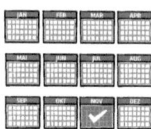

novembre

Novembermaand

desembre

Dezembermaand

formes
Formen

cercle

Krink

quadrat

Quadrat

rectangle

Rechteck

triangle

Dreeeck

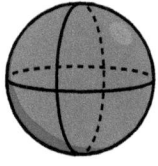

esfera

Kugel

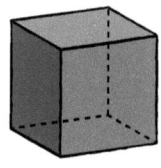

cub

Wörpel

Farven

blanc

witt

groc

geel

taronja

orangsch

rosa

pink

vermell

root

lila

lila

blau

blau

verd

gröön

marró

bruun

gris

gries

negre

swart

molt / poc

veel / wenig

emprenyat / tranquil

böös / verdreeglich

bonic / lleig

smuck / mies

començament / fi

Begünn / Enn

gran / petit

groot / lütt

clar / fosc

hell / düüster

germà / germana

Broder / Süster

net / brut

schier / schietig

complet / incomplet

kumpleet / nich kumpleet

dia / nit

Dag / Nacht

mort / viu

doot / lebennig

ample / estret

breet / small

comestible / immenjable

geneetbor / nich geneetbor

dolent / amable

böös / fründlich

entusiasmat / entediat

fickerig / langwielt

gros / prim

dick / dünn

primer / darrer

toeerst / toletzt

amic / enemic

Fründ / Fiend

ple / buit

vull / leddig

dur / tou

hart / week

pesant / lleuger

swoor / licht

gana / set

Smacht / Döst

malalt / sà

krank / gesund

il·legal / legal

nich na't Recht / na't Recht

intel·ligent / ximple

klook / dummerhaftig

esquerra / dreta

linkerhand / rechterhand

prop / llunyà

neeg / feern

nou / usat

nieg / bruukt

res / quelcom

nix / wat

vell / jove

oolt / jung

encès / apagat

an / ut

obert / tancat

apen / slaten

silenciós / sorollós

lies / luut

ric / pobre

riek / arm

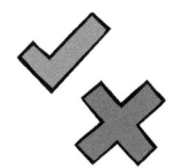

correcte / incorrecte

richtig / verkehrt

aspre / suau

ruug / glatt

trist / content

trurig / glücklich

curt / llarg

kort / lang

lent / ràpid

suutje / flink

humit / sec - eixut

natt / dröög

calent / fred

warm / köhl

guerra / pau

Krieg / Freden

0

zero

null

1

u

een

2

dos

twee

3

tres

dree

4

quatre

veer

5

cinc

fief

6

sis

söss

7

set

söven

8

vuit

acht

9

nou

negen

10

deu

teihn

11

onze

ölven

12

dotze

twölf

13

tretze

dörteihn

14

catorze

veerteihn

15

quinze

föffteihn

16

setze

sössteihn

17

disset

söventeihn

18

divuit

achtteihn

19

dinou

negenteihn

20

vint

twintig

100

cent

hunnert

1.000

mil

dusend

1.000.000

milió

million

anglès

Engelsch

anglès americà

Amerikaansch Engelsch

xinès mandarí

Chineesch Mandarin

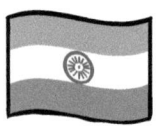

hindi

Hindi

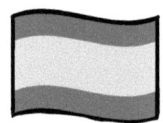

espanyol

Spaansch

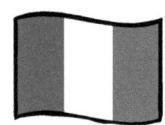

francès

Franzöösch

àrab

Araabsch

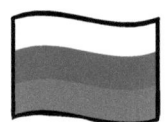

rus

Rusch

portuguès

Portugiesch

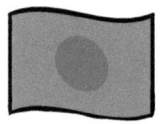

bengalí

Bengaalsch

alemany

Düütsch

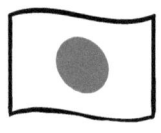

japonès

Japaansch

jo

ik

tu

du

ell / ella / allò

he / se / dat

nosaltres

wi

vosaltres

ji

ells

se

qui?

keen?

què?

wat?

com?

woans?

on?

woneem?

quan?

wannehr?

nom

Naam

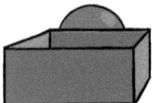

darrere

achter

en

in

davant de

vör

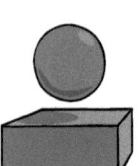

damunt

över

sobre

op

sota

ünner

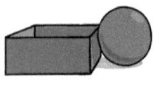

al costat

blangen

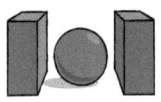

entre

twüschen

lloc

Oort